Harald Lässer

Das Kuvert – Management

Harald Lässer, geboren 1972 und gemeinsam mit zwei Brüdern aufgewachsen am elterlichen Hof in der Steiermark / Österreich. Der überzeugte Optimist lebt heute in Kärnten am Ossiacher See und ist seit 2002 selbständiger Masseur.

Harald Lässer

Das Kuvert – Management

Vom Erfolg eines Kleinunternehmers

Impressum:

© 2010 Harald Lässer

Herstellung und Verlag:
Books on Demand GmbH, Norderstedt

ISBN 978-3-8423-3814-2

Inhalt

Das Kuvert – Management

g) Das war mein Weg zum Erfolg

Werter Leser!

Auf den folgenden Seiten möchte ich Ihnen einen Einblick in meine Welt als Selbständiger verschaffen. Ich werde Ihnen beschreiben, wie ich mein geschäftliches und zum Teil privates Leben handhabe, welchen persönlichen Einstellungen und Ansichten ich nachgehe, aber vor allem, wie es mir mit meinem Kuvert-Management gelungen ist, ständig Geld zu haben.

Ich möchte hier ausschließlich von meinem Weg erzählen und in keiner Weise gute Ratschläge erteilen, aber vielleicht ist ja das eine oder andere dabei, das Sie sich rauspicken wollen. Nur zu, dafür ist es da.
Möglicherweise fallen Ihnen zum Ende hin auch noch eigene, weitere Themen ein, die Sie ergänzen möchten, auch dafür ist Platz. Wie sagte schon Wilhelm Busch:

Ach, die Welt ist so geräumig – und der Kopf ist so beschränkt

Dieses Buch habe ich so niedergeschrieben, wie mir die Themen dazu in den Sinn kamen, d.h. es unterliegt keiner strengen Reihenfolge und Sie können jedes beliebige Thema einfach aufschlagen und in dieses hineinlesen. Natürlich empfehle ich Ihnen alles durch zu schmökern aber ich denke, das kommt von selbst.

H. Lässer

I) Wie alles begann

Es war ziemlich genau 5 Uhr 37 eines Werktagmorgens, als ich mit dem Fahrrad neben einem Bahngleis entlang zu meiner Arbeitsstelle fuhr. Ich wählte dazu gerne das Fahrrad, weil ich beim Hinfahren die morgendliche Ruhe genoss und es mir beim Heimfahren half, von der Arbeit abzuschalten. Wir arbeiteten von sechs Uhr Früh bis kurz vor drei Uhr am Nachmittag und für eine Wegstrecke benötigte ich etwa dreißig Minuten.

Ich hatte eine doppelte Berufsausbildung zum Betriebselektriker und Maschinenschlosser hinter mir, später in der Abendschule den Meister für Elektrotechnik gebüffelt und mir erweiterte Kenntnisse in einigen Wifi – Kursen verschafft, zudem noch regelmäßige innerbetriebliche Schulungen und Weiterbildungen. Alles in allem also eine recht fundierte Ausbildung.

Während ich jedenfalls so dahin radelte, kam mir plötzlich der Gedanke: Ach, könnte es nicht schon drei Uhr nachmittags sein, und ich mich schon wieder am Heimweg befinden?!

- KLICK -

Kaum ist mir dieser Gedanke gekommen, schoss es mir förmlich ins Bewusstsein, *was* ich mir soeben gedacht hatte: Das Leben ist mir ohnehin viel zu kurz auf diesem schönen Planeten und ich wünsche mir, dass neun Stunden vergangen sein sollen ohne dass sie da gewesen wären?!

Einen Monat später habe ich gekündigt.

Dazu wäre allerdings noch zu erwähnen, dass ich einen Job hatte, der überdurchschnittlich bezahlt, seitens der Firma mit diversen Sozialvergünstigungen und fetter Zusatzpension gesegnet war, und ich mir dort bei Gott keinen Fuß ausgerissen habe.

Aber mein Entschluss stand fest: Ich wollte keinen Job länger machen, der mir keine Freude mehr bereitet. Damit wurde mir auch erst so richtig bewusst, in welch langweiligem Trott mein Leben in der letzten Zeit verlaufen war und ich so nicht mehr weiter wollte. Auch im privaten Bereich war der Ablauf bereits meist schon festgelegt, obwohl ich es damals schon partout nicht leiden konnte, wenn Wochenenden im Voraus schon verplant waren und keine Zeit für Außerplanmäßiges ließen. Aber so richtig klar wurde mir das alles erst seit diesem einen Gedanken in der Früh.

Glauben Sie mir, wenn ich Ihnen sage, dass ich von diesem Moment an mein Leben aber gründlich auf den Kopf gestellt habe.

In den folgenden Jahren hatte ich verschiedene Dienststellen, von der keine auch nur annähernd etwas mit der vorangegangenen zu tun hatte und übte jede solange aus, wie sie mir Freude machte. Damit zeigte ich mir auch, dass man wirklich sehr viel kann, wenn man nur will. Mitunter hatte ich einen meiner damaligen Traumberufe erreicht – in einem Musikhaus zu arbeiten.

Nur meiner eigenen Initiative hatte ich diesen Job zu verdanken. Ich ließ nicht locker, zeigte in Gesprächen ständig meine Begeisterung, kam in regelmäßigen Abständen ins Geschäft um mich über meine Position zu erkundigen und damit weiteres Interesse zu zeigen und konnte mich letztendlich sogar gegen einen Abgänger vom Musik-Konservatorium durchsetzen.

Da ich selbst Musiker war und auch immer noch bin, konnte ich dann mit Leidenschaft beweisen, dass *ich* die richtige Entscheidung war. Ich denke heute noch gerne an diese Zeit. Ein aufrichtiger Dank an dieser Stelle an Rosmarie.

Als ich dann schließlich kurz nach der Jahrtausendwende mit meiner Tätigkeit als Masseur begann, hatte ich zuvor beinahe alles Geld in eine neue Wohnung, A-Führerschein, Motorrad, Ausbildung zum Masseur und Energetiker, diverse Arbeitsutensilien und weiteres investiert und bin mit einem Berg aus Zuversicht und einem Tal aus Ungewissheit am Abend des 31. Dezember 2001 alleine in meiner Wohnung gesessen. Ich weiß noch genau, wie ich alle Räumlichkeiten durchwühlt habe und auf den Schilling genau noch die Summe zusammenkratzen konnte, die ich für eine Schachtel Memphis aus dem Automaten unten an der Straße benötigte. Kein berauschendes Sylvester.

Und dann kam der 1. Jänner 2002 und damit der Beginn meiner Selbständigkeit!

Um 7 Uhr in der Früh bin ich nunmehr als selbständiger Masseur in mein erstes Hotel nach Arnoldstein, nahe der Grenze zu Italien, gefahren – höchstmotiviert, und mit keinem einzigen Schilling mehr und noch keinem Euro in der Geldbörse!

Meinen ersten Kunden dort, also den Gästen des Hotels, erklärte ich, ich hätte meine Geldtasche zu Hause vergessen und sie mögen doch bitte so nett sein und mir den Betrag genau zu bezahlen, weil ich ja nicht herausgeben könnte. Wenn mich die Gäste damals nicht für meine Leistung bezahlt hätten, hätte ich ein ernsthaftes Problem mit dem Tank meiner damaligen Schiebetruhe, einem Peugeot 205, bekommen. Der war nämlich so gut wie leer. Aber die Gäste bezahlten mich und somit war der Grundstein gelegt.

Ich kann mich noch gut auf das Überreichen des ersten Geldbetrages erinnern.

Mein erstes, wirklich selbst verdientes Geld.
Für reine Anwesenheit gibt es ab jetzt nichts mehr.
Jeder verdiente Cent ging nicht nur sprichwörtlich durch meine Finger. Ein gutes Gefühl.

Weil ich wollte, dass das Geld dieser allerersten Massage etwas Besonderes blieb, legte ich es zu Hause in ein Kuvert und schrieb in riesengroßen Lettern

D A N K E

darauf.

Und damit begann (eigentlich unabsichtlich) mein Kuvert-Management, das ich bis heute durchziehe.

o) Vom Säen und Ernten

Bevor es allerdings soweit war, in das erste Hotel zu fahren, musste ich natürlich zusehen, wie ich zu diesem ersten Hotel komme. Meine Vorstellung war recht klar: Da ich von Grund auf ein fröhlicher Mensch bin, wollte ich mich auch bei meinem Job mit ebensolchen umgeben. Und wo findet man gut gelaunte Mitmenschen? Natürlich im Urlaub. Also habe ich im Laufe meines Anfangs mehr als hundert Hotels, diverse Wellnesseinrichtungen, Schönheits- und Kosmetiksalons, Fitnessstudios und dergleichen kontaktiert. Immer in Fünferpaketen und im Abstand von fünf Tagen, um ausreichend Zeit zu haben, auf etwaige Anfragen reagieren zu können.

Im schriftlichen Teil, den ich hinterlassen hatte, befand sich am oberen Rand ein Foto von mir und der Text enthielt bereits sehr viele Details meines „Angebotes zur Zusammenarbeit". Die Vorteile lagen auf der Hand: Ich bin jederzeit für das Hotel da, brauche in den Hauptsaisonzeiten keine freien Tage, mache nicht auf krank, bereite dem Hotel keinerlei Kosten, das Hotel erlebt eine kostenlose Angebotserweiterung und im Gegenzug dafür sorgt das Hotel für meine Kunden. Eine Symbiose, die Sinn macht.

Im Schreiben detaillierte ich auch gleich die Preise sowie die Provision, die fürs Hotel dabei heraus springen würde. Ich bot dem Hotel also an, es pro Massage sogar noch prozentual daran zu beteiligen! Ein Angebot, das man ausschlagen sollte?!

Das Schreiben umfasste zwei Seiten, aus dem einfachen Grund, weil ein einseitiges Schreiben leichter weggeworfen wird als ein zweiseitiges. Mehr Seiten zu verfassen macht meiner Auffassung wiederum weniger Sinn, weil es demjenigen, der es lesen soll, schließlich Mühe bereitet.

Da ich ja auch im energetischen Bereich tätig bin, nutzte ich auch diese Fähigkeit zum Säen. Es gibt da verschiedene Methoden ein großes Netzwerk zu spannen um Mitmenschen auf sich aufmerksam zu machen.

Darüber werde ich vielleicht später einmal eine kleine Broschüre verfassen, sollten Sie aber bereits vorab Information darüber wünschen, können Sie mich gerne im Internet auf der Webseite www.chili-cevapcici.com besuchen. Dort wird immer eine aktuelle Mailadresse von mir vorzufinden sein.

Als dann das alles soweit erledigt war, saß ich zu Hause und überlegte mir zum wiederholten Male, *warum* Leute zu mir kommen sollten.

- Weil ich eine Marktlücke in meiner Umgebung gefunden habe? – Ha, ich Glückspilz.
- Weil ich gut im Massieren sein werde? – Unsinn, gut sind andere genauso.
- Weil ich meine Öle selber zusammenmischen werde? – Machen andere wahrscheinlich auch.
- …

Und dann fiel mir ein Satz aus der Zeit ein, in der ich mich intensiv mit dem Wissen der Schamanen indianischer Völker auseinandersetzte:

Jeder Schamane muss sein eigenes Lied finden.

Ich brauchte gar nicht lange mehr überlegen und beschloss es zu einer persönlichen Angelegenheit zu erklären, also tatsächlich jede Massage zu etwas Besonderem für meinen Gast und mich zu machen. Mir selbst versprach ich, mich immer gut vorzubereiten, mit Freude ans Werk zu gehen und wirklich mit dem Herzen dabei zu sein, keine einzige

Massage als etwas Selbstverständliches anzusehen, im Geiste jeden Menschen dafür zu danken, dass er zu mir gekommen ist; und dann gibt es da noch ein Geheimnis, welches ich aber nicht verraten werde, da es etwas sehr Persönliches für mich ist. Eben: Jeder Schamane muss sein eigenes Lied finden.

Heute, nach über zehntausend Massagen, halte ich es immer noch so damit und der Erfolg bestätigt mein Lied.

In regionalen Medien nutzte ich auch vielfach die Möglichkeit günstiger Werbeeinschaltungen. Dazu habe ich einige Redaktionen angerufen und direkt mit dem Anzeigenberater gesprochen. Und die ließen auch mit sich reden.

Jedenfalls hatte ich dann das Gefühl, ordentlich gesät zu haben und konnte mich auf den sechsten und vorerst letzten Punkt meiner To-do-Liste widmen:

- Abwarten

Wenn nämlich ordentlich gesät worden ist, kommt auch irgendwann die Zeit zu ernten.

Ein Bauer, der jeden Tag sein Saatgut ausgräbt um nachzusehen ob es schon begonnen hat zu keimen, wird niemals etwas ernten. Also ist es auch ganz wichtig zuversichtlich abwarten zu können.

f) Mein Umgang mit Geld

So manche Leser sind wahrscheinlich als erstes zu diesem Thema gesprungen. Dagegen ist auch nichts einzuwenden, ich möchte Ihnen aber nahe legen, auch in all die anderen Abschnitte rein zu lesen, da alles zusammenhängt.

Gründe, warum man sich selbständig macht, gibt es einige. Ich bin überzeugt, Ihnen fallen auf der Stelle mindestens drei oder mehr ein. Ein Grundstein meiner damaligen Entscheidung zur Selbständigkeit war mitunter, dass ich mir wünschte, damit finanziell mein Auslangen zu finden. Reich damit zu werden stand mir fern, dafür gibt es andere Möglichkeiten. Umso wichtiger ist das beruhigende Gefühl finanziell soweit sicher da zu stehen.

Dazu gibt es verschiedene Möglichkeiten: Etwa das Bankkonto zu füttern, Lebensversicherungen oder sonstige Anlegeformen – und: KUVERTS!

Gehen wir nochmals zurück zu meinem allerersten selbstverdienten Geld.
Wie ich Ihnen bereits sagte, legte ich dieses Geld in ein Kuvert und deponierte es anschließend irgendwo in meiner Wohnung. Anfangs, als mein Geschäft nur zögerlich anlief, war genau dieses eine Kuvert mein stiller Mentor. Oft, wenn ich trotz aller Zuversicht ins Zweifeln kam, holte ich es aus seinem Versteck hervor, nahm es in die Hand und betrachtete es.

Sofort hatte ich wieder die Bilder vor mir, als ich diesen, meinen ersten Kunden, hatte und wie dieser mir nach der Massage den Geldbetrag in die Hand gegeben hatte und sich bei mir bedankte für die Wohltat, die ich ihm bereitet hatte.
Ein energetisches Muster war darin geprägt.

Abgesehen davon hatte ich mit diesem Kuvert auch das Gefühl einen kleinen „Notgroschen" daheim zu haben. So schlimm kann meine Situation also gar nicht sein, wenn ich sogar Geld zu Hause „horten" kann. Mit dieser Methode gelang es mir jedes Mal all die aufkommenden Zweifel in den Wind zu schlagen.

Dieses eine Kuvert mit dem kleinen Geldbetrag erfüllte mich mehr als die gedruckten Zahlen meines verbliebenen Geldes auf dem Kontoauszug.

Als nächsten Schritt begann ich mich mit meinem Finanzwesen auseinanderzusetzen. Und zwar überlegte ich nicht wie es sein *sollte* – sondern wie ich es am liebsten *hätte*.

Da jeder Cent beim Verdienen durch meine Finger geht, wollte ich auch haben, dass jeder Cent beim Ausgeben durch dieselben geht. Das heißt natürlich, dass man oft auf die Bank laufen muss – und das wollte ich ja auch. Natürlich wäre es bequemer, alles per Lastschriftenauftrag zu erledigen und diverse Karten zu benützen. Aber eben: bequemer! Und die Praxis lehrt uns allzu oft, dass Bequemlichkeit zu Nachlässigkeit und Fehlern führt. Außerdem verliert sich der reale Bezug zum Geld, es dreht sich ja schließlich nur noch um ein paar Zahlen auf einem Blatt Papier. Wissen Sie, wie groß ein Haufen aus zweihundert Euro zu zehn Cent Münzen ist, wenn Sie das noch nie ausprobiert haben?

Also bin ich her und habe mir von meiner Bank im Ort zwei einfache Sparbücher ausstellen lassen. Eins für alle geschäftlichen Belangen und ein privates. Allein dieser Umstand brachte mir zwei Vorteile: Erstens verursacht ein Sparbuch keine quartalsmäßigen Kosten, und zweitens wirft es sehr viel mehr Zinsen ab als ein gewöhnliches Girokonto. Damit lassen sich in meinem Fall sehr leicht die

Erlagscheingebühren aufwiegen. Zudem kommt mir meine Bank wirklich sehr entgegen, man muss nur drüber reden.

Aber was wirklich gut daran tat, war: Das zufriedene Gefühl wenn ich zur Bank ging, so viel Geld zu besitzen um es auf eines der Sparbücher einzuzahlen oder so viel Geld zu haben, meine Ausgaben bar zu bezahlen. In jedem Fall war *ich* der, der das Geld *zur* Bank bringt und nicht umgekehrt.
Und wenn ich dann alles eingezahlt hatte und sich in meiner Geldbörse nur noch ein Grundbetrag befand, konnte immer noch eine Kleinigkeit kommen – ich hatte ja noch das Kuvert zu Hause.

Auch heute halte ich es noch so und somit das gute Gefühl immer Geld zu haben und bewahre mir damit die völlige Kontrolle über mein Finanzwesen.

Wenn heute irgendeine Anschaffung notwendig wird, egal ob geschäftlich oder privat, spare ich mir meist diesen Betrag an, auch wenn ich ihn sofort bezahlen könnte. Dazu nehme ich natürlich wieder ein Kuvert.
Oft nämlich war es schon der Fall, dass die Euphorie des „Haben-wollens", während der Ansparzeit verflogen ist, weil es sich dabei um etwas gehandelt hatte, was ich in Wahrheit gar nicht gebraucht hätte. War es aber andersrum, hatte ich damit noch viel mehr Freude, als hätte ich es sofort gekauft. Außerdem passt man auf Dinge, die man erst ansparen musste noch mehr auf. Zwei Fliegen mit einer Klatsche.

Und was geschieht während der Zeit des Ansparens? Man hat in einem weiteren Kuvert wieder noch etwas mehr Geld als „Notgroschen" zu Hause versteckt, geht's uns nicht gut?
Natürlich achte ich darauf, dass es sich hierbei um kleine Geldbeträge handelt, also für einen Einbruch bei mir lohnt es sich sicherlich nicht. Bei größeren Geldbeträgen wende ich

dieses System mit einem eigens dafür, weiteren kostenlosen Sparbuch von der Bank um die Ecke an!

Tja, und was hat das mit dem Verstecken der Kuverts auf sich? Das herauszufinden überlasse ich Ihnen. Nachdem Sie es vielleicht ausprobiert haben, wissen Sie es bestimmt.

r) Achte auf deine Wünsche…

…sie könnten wahr werden!

Vielleicht kennen Sie diesen Spruch. Zu Anfang hatte ich mir nicht nur alles gründlich durchgedacht und vorgestellt, sondern auch ehrlich gewünscht, so merkwürdig es auch klingen mag. Und im Eigentlichen bin ich sehr zufrieden damit.

Ich kann mir nämlich gut vorstellen, dass es da so manch gute Geister gibt, die für mich da sind, aber die wollen natürlich auch gebeten werden.

Selbst heute noch, wenn ich beispielsweise gerade unterwegs bin und was zu erledigen habe, wünsche ich mir, dass für diese Zeit keine Termine in den Hotels hereinkommen und ich mich nicht zerstrudeln muss. Nicht selten passiert es mir, dass kaum, dass ich mein Vorhaben erledigt habe, das Telefon läutet und mir ein Hotel einen neuen Termin durchgibt.

Ob es nun an meinem Wunsch gelegen hat, oder ob es ohnehin so gekommen wäre ist mir eigentlich egal. Aber in dieser Zeit war ich beruhigter, weil ich das Gefühl hatte es abgegeben zu haben und unterlag somit keinem Zeitdruck.

☺

e) Das ständige Auf und Ab

Als Selbständiger durchlebe ich immer wieder wechselnde Phasen. Daher halte ich es mit den monatlichen Einkünften so, dass mit dem verdienten Geld vorrangig das Konto für die laufenden Kosten, sowie der monatliche Betrag für das geschäftliche Sparbuch gedeckt wird. Alles andere wird hinten angestellt.

Zu Beginn eines jeden Jahres rechne ich mir ziemlich genau aus, was an geschäftlichen Ausgaben auf mich zukommen wird und lege damit diesen monatlichen Betrag für das Geschäftssparbuch plus einen Pufferbetrag fest. Wirklich beruhigt bin ich erst, wenn ich einen Polster für mindestens ein Quartal im Vorhinein deponiert habe.

Da ich in erster Linie für zwei Hotels arbeite, gibt es von Haus aus zwischen den Saisonen jeweils auch eine Zeit, in der die Hotels geschlossen haben. Meist nutze ich diese Zeit um auch selbst mal Urlaub zu machen. Aber dafür muss natürlich vorgesorgt sein.

Was mache ich? Natürlich ein Kuvert!

Und damit beginne ich früh genug, weil es eben viel leichter fällt, öfters Geld auf die Seite zu legen, wenn man noch gut verdient. Das geht in kleinen Portionen ganz nebenher, und wenn es dann soweit ist, ist ganz schön was zusammengekommen.

Aber damit nicht genug: Vorsorgen bedeutet für mich auch dafür zu sorgen, dass ich in dieser Zeit sowenig als möglich Ausgaben zu machen habe, die ich nicht auch schon vorher erledigen hätte können, als noch mehr im Börserl blieb. Dazu werden vorab schon allerlei Besorgungen erledigt, vom

Kaffeefilter bis zu Taschentüchern und etwaiger Medikamente. Alles nur Einteilungssache.

Mit einer Ausnahme: Das Ganze muss so ablaufen, dass ich mich selber in meinem Lebensstil in keiner ungebührenden Weise einschränken muss. Weder in gut verdienenden Zeiten noch in weniger gut verdienenden. Entbehrungen hatte ich im ersten Jahr zur Genüge!

In dieser Zwischensaison, die meist nur wenige Wochen dauert, habe ich dann auch Zeit für private Massagekunden. Dabei kommt es manchmal vor, dass Gutscheine gebraucht werden.

Da ich meine Arbeit sehr gerne mache, aber auch nicht aus den Augen verliere, dass sie in erster Linie dazu dient, mein Leben zu finanzieren, gehe ich auch mit diesen Gutscheinen gesondert um. Normalerweise läuft das so ab, dass sich jemand ein paar Gutscheine von mir ausstellen lässt und den Gesamtbetrag auch gleich bezahlt. Wenn es dann aber um das Einlösen eines Gutscheines geht, springt für mich natürlich nichts mehr raus. Und damit dem nicht so ist, wird von mir für jeden Gutschein ein gewisser Betrag in ein eigenes Gutscheinkuvert gelegt, und die Anzahl der Massagen als Strichliste vermerkt. Bei Einlösung wird ein Strich quittiert und ich kann mich aus dem Kuvert bezahlen. Leistung hin – Geld her.

Und was macht das Geld in diesem weiteren Kuvert? Ein gutes Gefühl!!

In diesen Zeiten des weniger gut Verdienens, setze ich dem Ganzen sogar noch eins drauf: Um mir selbst zu zeigen, dass ich nicht mehr wie zu Beginn meiner Selbständigkeit des Geldes wegen arbeiten *muss*, überrasche ich manche Kunden sogar noch mit einer Vergünstigung des Tarifes.

Außerdem verstärkt mir diese Taktik das Bewusstsein, dass mir meine Kunden keinesfalls selbstverständlich sind.

So, und jetzt kommt der HAMMER! Stellen Sie sich vor, plötzlich kommt mir genau in dieser Flautezeit etwas Unvorhergesehenes daher. Eine Reparatur oder sonstige unangenehme finanzielle Belastung, mit der ich absolut nicht gerechnet habe.

Ich empfinde es zwar als äußerst unpassend, aber da ich ja ein Mann mit Geld bin, bringt mich das nicht sonderlich aus der Ruhe. Ich krame meinen Kuverts zusammen und leihe mir *mein eigenes* Geld aus. Dazu vermerke ich den Betrag am jeweiligen Kuvert, und bei nächster Gelegenheit, wenn ich wieder gut verdienend bin, zahle ich es mir wieder zurück. So einfach funktioniert das!

Und am nächsten Tag habe ich auch noch die € 5,- für SOS Kinderdorf übrig.

t) Motivation

Es ist mir wichtig einen Beruf auszuüben, den ich wirklich gerne mag und der keine Montagmorgen-Durchhänger verursacht. Ich freue mich auf jeden einzelnen Kunden, versuche immer bestmögliche Leistung zu bringen und wenn anschließend an die Massage ein aufrichtiges „Danke", oder „Das hat gut getan", kommt, motiviert mich das ganz von selbst für den nächsten Kunden.

Aber natürlich erlebe ich auch Phasen in denen es einfach nicht laufen will oder ich einfach keine brauchbaren Ideen im Kopf fassen kann. Wenn dieser Zustand übergebührlich lange ausfällt, kann es schon vorkommen, dass leise der Zweifel an mir nagt. Besonders gut hat mir folgende Methode geholfen:

Dazu nehme ich mir ein leeres Blatt Papier zur Hand und beginne aufzulisten, was ich schon alles in meinem Leben erreicht habe. Dabei schreibe ich ruhig in Großbuchstaben und fange wirklich von Grund an. Selbst der einfache Schulabschluss *ist* ein Schulabschluss! Dabei vergesse ich auch die besuchten Musikschulen und dergleichen nicht, auch die Kreativität ist für mich etwas persönlich Erreichtes! Beruflich gibt's so einiges anzuführen und auch im privaten finde ich ungeheuer viel, z.B. habe ich mir ja auch selbst das Zehn-Finger-System beigebracht (nachdem ich zwei Bücher im Adler-Such-System geschrieben hatte, wurde es mir einfach zu blöde), oder der freiwillige, große Erste Hilfe Kurs, oder die Tauchausbildung, …

Darüber nachzudenken ist eine Sache, es aber nieder zu schreiben sehr viel effektiver, weil ich es mir damit vor Augen führe und nicht, wie beim Nachdenken, das Vorangedachte bereits wieder vergessen habe. Wenn mir dann nichts mehr einfällt, staune ich nicht schlecht was sich da so alles findet! Und dabei habe ich irgendein soziales Engagement noch sicherlich vergessen.

Meist habe ich diese Liste vormittags geschrieben und sie den ganzen Tag offen auf dem Tisch liegen gelassen. Jedes Mal, wenn ich tagsüber wieder nach Hause kam, sah ich dieses voll geschriebene Papier und verspürte Zuversicht. Am nächsten Morgen habe ich die Liste noch einmal durchgesehen und dann in beruhigender Gewissheit weggeworfen.

Beim nächsten Mal, wenn ich sie schreibe, wird sie wieder länger sein.

k) Über Bauchgefühle

Sie werden feststellen, dass in meinen Zeilen immer wieder von Gefühlen die Rede ist, das kommt nicht von ungefähr. Seit ich vor vielen Jahren begonnen habe mich recht vertrauensvoll auf mein Bauchgefühl zu verlassen, kann ich kaum von schlechter Erfahrung darüber berichten. Anfangs bestätigte sich dieses Gefühl meist im Ausgang einer Angelegenheit: „Ah, genau das Gefühl hatte ich zu Beginn im Bauch, ich wusste es ja!"

Aber eben genauso auch wenn es daneben ging, und warum hörte ich dann nicht drauf?

Auch aus manchmal unerklärlichen Gründen schon gab mir dieses Gefühl etwas auf, das ich meist spätestens zwei Tage danach brauchen konnte oder eben brauchen hätte können.

Und erklären Sie mir bloß nicht, Sie hätten noch nie Bauchgefühle empfunden…

Seit der REIKI Ausbildung setze ich noch vermehrt auf all die verschiedenen Gefühle und Eindrücke, die von außen auf mich eindringen und finde, sehr gut damit umgehen zu können. Unter anderem ermöglicht mir dies entschlossen in die momentan richtige Richtung zu handeln. Wie gesagt momentan. Ich nehme mir das Recht heraus, alles zu jedem Zeitpunkt neu zu beurteilen, sowie sich die Situation oder meine Sichtweise verändert. Lieber agieren als reagieren, oder wie ein Sprichwort schon sagt:

Handle oder du wirst behandelt

c) Offene Rechnungen

Flattern diese unliebsamen Rechnungen oder Zahlscheine ins Haus, wirft mich das nicht sonderlich aus der Bahn. Schließlich kommt, bis auf einige wenige, nichts ins Haus, was ich nicht auch so gewollt hätte. Begonnen bei der Telefonrechnung bis zur GIS Gebühr, dem Entgelt für Radio und Fernsehen.

Nach Überprüfung auf Korrektheit, achte ich sehr genau auf das Fälligkeitsdatum, sortiere diese danach und klemme sie an die Kühlschranktür. Da ich mehrmals am Tag mit dem Kühlschrank zu tun habe, kann ich diese dadurch nicht übersehen und vergessen. Spätestens vier Tage vor der jeweiligen Fälligkeit mache ich mich damit auf zur Bank. Diese Gewohnheit habe ich mir zur Konsequenz gemacht. Aus dem einfachen Grund, weil ich davon ausgehe, wenn ich korrekt bin im Umgang mit Zahlungen sind es andere auch. Und ich kann mich nicht beschweren. Außerdem ist es mir lieber, wenn eventuell andere bei mir etwas offen haben als umgekehrt.

Da ich mir ja alles selber ausrechnen kann, weiß ich genau wann welche Zahlung kommt und auch in welcher voraussichtlichen Höhe. Selbst bei den großen Brocken wie der Sozialversicherung und der Einkommenssteuer, die quartalsmäßig anfallen, gibt's für mich keine Überraschung. Das heißt, ich bin stets darauf vorbereitet und habe längst schon im Voraus das Geld auf einem meiner kostenlosen Sparbücher deponiert. Kuvert-Prinzip nur im großen Stil.

Meine letzte eindringliche Zahlungsaufforderung, an die ich mich erinnern kann, war noch aus der Zeit, zu der ich mit einem Moped unterwegs war. Dabei handelte es sich um den ARBÖ – Mitgliedsbeitrag. Ich ließ das damals so lange anstehen, bis überhaupt schon ein Schreiben vom Inkassobüro kam. Dummerweise hat das mein Vater in die Finger bekommen und mir ordentlich die Leviten gelesen. Recht stimmgewaltig hatte er mir einen eindrucksvollen Vortrag über mein künftiges Finanzwesen gehalten, wenn ich so weiter täte. Ich hab's mir zu Herzen genommen.

e) Familie, Freunde und eben gut Bekannte

Ich habe beruflich und auch privat schon so einiges auf die Beine gestellt – und bin manchmal auch hingefallen. Was soll's? Wer noch nie im Bett gefrühstückt hat, weiß nicht wie Krümel pieken.

Selbst steckte ich immer voll Begeisterung und Freude über meine neuen Pläne und Ideen und hatte oft das Bedürfnis diese Anderen mitzuteilen. Es beflügelt einfach, wenn andere sich mit einem mitfreuen. Mitunter versteckt sich darin auch die Hoffnung, eine Bestätigung für sein Vorhaben zu erhalten.

Dabei habe ich ein interessantes Phänomen kennen gelernt.
Schön habe ich geschaut, als manche, eigentlich sogar sehr viele, mich nicht einmal fertig erläutern ließen, sondern mich schon im Ansatz unterbrachen, um mir ihre Bedenken zu äußern oder die Idee überhaupt als lächerlich abzustempeln. „Was, DU???"
Man möchte gar nicht glauben, wie viele darunter waren, die nur – und wirklich nur – alles durchklaubten, woran diese Ideen oder Pläne unbedingt zum Scheitern verurteilt seien. Und wenn es ein möglicher Tsunami am Ossiacher See sei. Meist waren es eben diese gut Bekannten.
Nachdem ich den ersten Frust und aufkommende Selbstzweifel bezwungen hatte, blieb trotzdem meist ein bitterer Nachgeschmack zurück. Zu Hause und darüber nachgrübelnd hatte ich nicht selten das Gefühl, dass man es mir möglicherweise deswegen nicht zutraut, weil ich damit vielleicht durchkommen könnte? Neid??
In der Familie und bei guten Freunden ließ man mich wenigstens ausreden und konnte damit die Chancen, die ich dabei sah, erläutern. Dort stieß ich auf viel mehr Verständnis.

Aber alles in allem habe ich daraus gelernt, dass ich meinen Weg gehen soll, ohne groß darüber zu reden. Dies fördert auch stark die Eigenverantwortung. Geht's daneben, bin ich halt selber Schuld, aber geht's gut, habe ich das auch nur mir zu verdanken.

Nur wenigen Menschen bin ich begegnet, die wie ich, zuerst die Chancen und guten Möglichkeiten sahen, die neue Ideen und Pläne eröffneten und mit genau derselben Einstellung, dass Probleme, die sich dadurch möglicherweise auftun, überschaubar bleiben und zu bewältigen sind. Es ist mir auch leichter, Argumente für jemandes Idee zu finden als dagegen, sofern sie vernünftig ist.

Besonders gerne unterhalte ich mich diesbezüglich auch heute noch mit einer sehr guten Freundin über solche Dinge. Als Betriebswirtin hat sie für große Firmen gearbeitet und weiß wovon sie redet. Kaum erkläre ich ihr eine neue Idee, hat sie schon Vermarktungsstrategien parat. Das motiviert schon ordentlich.

Ein nettes Erlebnis hatte ich im Jahr 2009 mit ihr: Meine Bekannten lächelten am Abend noch über meine eingereichte Patentidee einer Spiegelverstellung für Motorräder, und ein paar Tage später hatte diese Freundin bereits einen Termin vom KTM Werk in Mattighofen erwirkt, um diese Patentschrift vorzustellen. So kann es auch gehen.
Zwar hat sich später herausgestellt, dass bereits eine andere Firma sich diese Idee mit einer sehr ähnlichen Erfindung hatte schützen lassen, aber allein die damit verbundene Erfahrung war es wert.

t) Dinge, die zu erledigen sind

Für gewöhnlich sorge ich dafür, dass es in meinem beruflichen, wie auch privaten Umfeld nichts Unaufgeräumtes gibt. Dinge, die zu erledigen sind, sind eben zu erledigen, am besten gleich. Dem war aber nicht immer so. Irgendwann wurde es mir einfach zu lästig, ständig an irgendetwas denken zu müssen, was ich noch zu erledigen hätte, auch wenn es sich dabei nur um eine Kleinigkeit gehandelt hat. Also machte ich es mir zur Priorität Anstehendes umgehend zu erledigen. Die Erkenntnis, dass es länger braucht, ständig an das Unerledigte zu denken, als man Zeit braucht es zu erledigen, kam recht rasch.

Dabei erledige ich auch heute noch die unangenehmsten Dinge zuerst, dann kann alles andere ja nur leichter fallen. Selbst wenn ich feststelle, dass nur eine Autobirne defekt ist, fahre ich bei nächster Gelegenheit die Tankstelle im Ort an und ersetze diese. Auch wenn es etwas teurer ist – kommt ja einem Mit-Gemeindebürger zu gute. Schon wieder ist das zufriedene Gefühl da, etwas erledigt zu haben.

Aber es kommt schon auch vor, dass ich mich dabei erwische, etwas nicht erledigen zu wollen oder gerade keine Lust dazu zu empfinden. Dann nehme ich mich erst recht beim Schopf: Mach das, was zu erledigen ist!, und passend dazu fällt mir eine Textzeile aus einem Lied der Gruppe KISS ein: Do the things he says to do – DO IT!

Auf diese Weise kann sich auch unmöglich ein regelrechter Berg anhäufen, den ich erst recht nicht angehen will. Und so stehe ich heute oft da, überlege was ansteht – und finde nichts. Schön, Füße hoch.

s) Mein Umgang mit Kunden

All meine Kunden kennen und erleben mich stets gut gelaunt und mit einem Lächeln auf den Lippen. Dahinter steckt aber keine Professionalität, sondern meine Natur. Auch das war nicht immer so. Irgendwann habe ich es ausprobiert und erkannt, dass es sich als gut gelaunter Mensch viel leichter lebt und dass dieser damit verbundene Seelenfriede unheimlich gut tut. Heute geht mir dieser Seelenfriede über alles, denn wenn es mir gut geht, geht es auch den Menschen in meiner Umgebung gut. Unter Männer gibt's den Spruch: Wir müssen gut auf unsere Frauen schauen, denn wenn es unseren Ladys gut geht, schauen diese auch gut auf uns. Da steckt was drin!

Ist Ihnen schon mal aufgefallen, dass gut gelaunte Menschen immer gut gelaunte um sich haben? Und grantige Menschen immer dieselben schwierigen Menschen um sich haben, wie sie selbst einer sind? Tja, vielleicht strahlt man ja doch so etwas wie eine Aura aus und die Umwelt reagiert darauf. Oder wie sagt man: Wie man in den Wald hineinruft, so kommt es zurück.

Aber eigentlich ist es ganz einfach so, dass ein gut gelaunter Mitmensch das letzte ist, das ein grantiger brauchen kann. Und so finden sich die beiden kaum.

Zu Beginn meiner Selbständigkeit überlegte ich mir sehr genau, wie ich auf den Kunden wirken möchte und was er an mir schätzen sollte. So habe ich es mir von Anfang an angewöhnt, allen zur Begrüßung die Hand zu reichen. Das schafft sofort eine persönliche Verbindung und ein Augenkontakt ist beinahe unvermeidlich. Allein aus dem Händedruck habe ich sehr schnell gelernt abzuschätzen, wie fest mein Gegenüber die Massage gerne hätte. Auch jetzt noch liege ich damit in den meisten Fällen richtig.

Was könnten meine Kunden besonders schätzen? Die Antwort führte zu meinem Slogan und später auch zu meinem Autoaufkleber:

Kommen nicht Sie zu mir, ich komme zu Ihnen

Die Überlegung war: Sind die Leute in ihrer gewohnten Umgebung, brauchen sie sich danach nicht wieder völlig ankleiden und vielleicht ins kalte Auto steigen, nach Hause fahren und bei dieser Gelegenheit gleich einkaufen gehen, am besten Sixpacks Mineralwasser. (…)

Wenn ich es so arrangiere, dass ich ins Haus komme, fällt das alles weg und die Kunden können sich daheim noch bequem auf die Couch legen, worauf ich im Übrigen sehr viel Wert lege. Damit steigt der Entspannungswert der Massage beträchtlich, und das wollte ich!

Vor allem von Stammkunden bekomme ich immer wieder die Rückmeldung, wie sehr sie meine Zuverlässigkeit, aber auch Spontaneität schätzen. Das musste ich mir natürlich erst erarbeiten, war aber eines der Ziele, die ich mir anfangs gesteckt hatte. Dazu kommt absolute Pünktlichkeit. Sollte ich mich selbst auch nur um einige Minuten verspäten müssen, rufe ich an und teile das mit.

Genauso konsequent und verlässlich halte ich es auch mit dem Telefon. Während einer Massage ist mein Telefon natürlich auf stumm geschalten und sollte mich jemand genau dann versucht haben zu erreichen, rufe ich sofort bei nächster Gelegenheit retour.

Alle meine Kunden wissen, dass sie mich dazu nur einmal anzurufen brauchen, weil ich verlässlich zurückrufe.

Nach zwanzig Uhr allerdings rufe ich nur in Ausnahmefällen an, da ich finde, dass jeder Mensch das Recht auf seinen persönlichen Feierabend hat. In so einem

Fall telefoniere ich dann am nächsten Morgen (nach sieben Uhr dreißig!).

Manchmal kommt es vor, dass ich nicht genau auf den zu bezahlenden Betrag herausgeben kann. Dann werde ich immer zu Gunsten des Kunden wechseln, und wenn es sich dabei nur um eine kleine Differenzsumme handelt, dann passt das schon so. Ich kann bis heute nicht sagen, dass jemand drunter wäre, der das ausnutzen würde. Ich glaube sehr stark daran, dass wer ehrlich ist, dem auch Ehrlichkeit widerfahren wird.

Wie bereits erwähnt: Zum Reichwerden gibt's bessere Möglichkeiten.

Hatte ich einen Kunden das erste Mal zum Massieren, habe ich stets am nächsten Tag angerufen und mich nach dem Wohlergehen erkundigt. Diese Aufmerksamkeit wurde und wird immer noch sehr honoriert! Oft sind es die einfachen Dinge, die Eindruck hinterlassen.

Vielleicht auch mitunter ein Grund, warum Leute sich gerne von mir massieren lassen ist der, dass ich ihnen nichts einrede. Manche Masseure machen meiner Ansicht nach den Fehler, dass sie den Leuten ständig sagen wo was nicht ganz in Ordnung sei. Die Leute haben dann meist das Gefühl ein völliges Wrack zu sein, was vielleicht nicht ganz fördernd ist. Selbst erlebte ich es einmal durch einen Therapeuten, der mir beiläufig während einer Akupunktur-Behandlung sagte, ich sollte doch mal meine Prostata untersuchen lassen. Da ich mich aber durchaus gesund fühlte, versuchte ich das zu ignorieren, aber es blieb solange im Hinterkopf drin, bis ich nach Monaten zu einem Urologen ging.

Nichts war an meiner Prostata außergewöhnlich! Aber Monate hat mich das gedanklich geplagt, vielen Dank, Wichtigmacher!

Ich gehe meiner eigenen Ansicht nach, und die lautet: Ich bin nicht dafür da darüber zu reden, sondern es wieder gut zu machen, Punkt.

Zu meinem Beruf gehört natürlich auch, dass man manchmal in gewisser Weise Gesprächstherapeut ist. Von Vorteil, wenn man ein guter Zuhörer ist. Ich möchte, dass es den Leuten einfach besser geht, nachdem ich bei ihnen war und das ist mit ein Teil davon. Dazu gehört unumgänglich auch so etwas wie die ärztliche Schweigepflicht. Auch das schätzen meine Kunden an mir.

r) Ändern, was zu ändern ist

Im Eigentlichen kann mich nichts daran hindern, Dinge zu ändern die mir nicht passen – außer ich selbst. Und mir selbst mag ich nicht gerne im Weg stehen.

Im Hotel begrüße ich meine Gäste immer mit der Frage wie es ihnen denn geht. Als einzige Alternativen hänge ich sofort an: Gut oder sehr gut? (Wie sollte es einem im Urlaub auch anders gehen?) Das braucht dann einen kurzen Moment und interessanter Weise kommt dann die Erkenntnis, dass es beinahe allen zumindest gut geht.

Zu Beginn meiner Selbständigkeit stellte ich die Frage ohne diesen Zusatz: Gut oder sehr gut?, und Sie möchten gar nicht glauben, wie viele Leute ohne darüber nachzudenken von Haus aus sagten: „Geht schon, könnte besser sein, schlecht, reden wir nicht drüber, usw." Das härteste aber war: „So wie die Anderen wollen!!" (… oder du wirst behandelt)
Das hatte meist auch zur Folge, dass gleich anschließend die Litanei kam, warum es diesen Menschen nicht so gut ging, obwohl sie auf Urlaub im schönen Kärnten sind.
Kurz und gut, ich wollte das so nicht mehr haben, also habe ich es geändert. Mit der einfachen Ergänzung: Gut oder sehr gut?, habe ich das Blatt gewendet. Plötzlich waren die Gäste damit konfrontiert zuerst das Positive zu sehen! Und siehe da: Ganz von selbst kamen dann Antworten wie: „Ja, eh ganz gut, im Urlaub sowieso, wie sollte es da denn anders sein, usw.!"

Dieser Absatz lässt gut eine meiner Grundstrategien erkennen:

Was nicht passt, wird passend gemacht!

In einem der beiden Hotels massiere ich die Gäste auf deren Zimmer, da keine eigene Räumlichkeit vorhanden ist. Auf manchen Zimmern war es oft schon dermaßen ruhig, dass ich es beinahe schon als unangenehm empfunden habe und ich mich nicht mal mehr laut zu atmen getraute. Also bin ich her und habe zu Hause meinen HiFi-Kopfhörer zerlegt um zu zwei kleinen Lautsprechern zu gelangen, mir einen kleinen Mp3-Player besorgt und das Ganze in meine Liege eingebaut. Wenn die Gäste schon nicht für ein wenig Atmosphäre am Zimmer sorgen, mache ich es eben selbst!

Früher einmal habe ich meine Vorhaben oft von so vielen äußeren Umständen abhängig gemacht, die in Wahrheit meist gar nicht alle zu erfüllen waren und bin so des Öfteren um diese Vorhaben gänzlich umgefallen.

Vor Freizeitaktivitäten wurstelte ich oft so lange an Nebensächlichkeiten herum, die ich mir einbildete unbedingt noch erledigen zu müssen, bis dahin das Wetter umgeschlagen hatte. Heute mache ich das längst nicht mehr.

e) Die eigene Ausstrahlung

Ich analysiere des Öfteren wie ich auf meine Umwelt wirke. Das funktioniert recht einfach, indem ich eine mir fremde Person unvermittelt anspreche und auf deren Reaktionen achte. In der Stadt klappt das hervorragend. Zu diesem Zweck suche ich mir eine geeignete Auslagescheibe, in der ich anschließend an das kurze Gespräch beim Weitergehen noch einen Blick auf meinen Unbekannten werfen kann. Bleibt der Gesprächspartner kurz noch stehen? Dreht sie/er sich noch mal um und sieht mir kurz nach? Aus all den Reaktionen kann ich gut ableiten, welchen Eindruck ich auf mein Gegenüber gemacht habe.

Aus Gesprächen mit meinen Mitmenschen weiß ich, dass vor allem meine Fröhlichkeit und meine Ruhe, die ich nach außen trage, sehr geschätzt werden. Ruhe auszustrahlen ist eine überaus wichtige Basis für mich als Masseur. In meinem Beruf läuft sehr viel auf Sympathie hinaus, und wenn die nicht ehrlich rüberkommt, nützt alles nichts. Ich möchte auch nicht zu einem Zahnarzt gehen, der mir nicht sympathisch ist.

Auch dafür gehe ich arbeiten: Wie schon gesagt, ich lass es mir möglichst gut gehen. Und ich habe auch kein Problem damit, bei einem geselligen Abend meine Brieftasche völlig zu entleeren, wenn es passt, dann passt es eben. Außerdem habe ich ja immer noch meine Kuverts zu Hause.

Da bei mir auch der erste Eindruck eine große Rolle spielt, habe ich mir zu Anfang so meine Gedanken darüber gemacht. Ein aufrechter Gang! Steh´ grod, wie man so schön sagt. Auch heute noch achte ich auf einen aufrechten und geraden Gang mit gemäßigtem Schritt. Würde ich eilends und im Watschelgang daherlaufen, käme wahrscheinlich nicht viel von dem Eindruck rüber den ich vermitteln möchte.

v) Lieber Gewinn optimieren als einsparen

Ich persönlich habe kein Problem damit, mich nach meiner Decke zu strecken. Vor allem im ersten Jahr ging es mir wie in einer Hochschaubahn. Rauf – runter. Da gab es Monate in denen ich gut leben konnte und auch Monate in denen ich sehr zurückschrauben musste. Da gab's Dehnungsübungen vom Feinsten.

Gerade in Flautezeiten legte ich mich umso mehr ins Zeug, denn da hatte ich ja ausreichend Zeit dazu mir Gedanken zu machen. Mit den wenigen finanziellen Mitteln die mir blieben, erarbeitete ich einen effektiven Werbeplan in Regionalzeitungen und bemühte mich sehr um Gesprächstermine in verschiedenen Fitnessstudios, Kosmetiksalons, Saunaclubs und ähnliches. Welches Potenzial dazu noch vorhanden war, ersah ich aus den gelben Seiten im Telefonbuch. Dazu erweiterte ich in dieser Zeit meinen Aktionsradius und habe mitunter auch zweimal die Woche die fünfzig Kilometer Fahrt bis nach Klagenfurt in Kauf genommen, für ein Fitnessstudio und ein älteres Ehepaar. Vielleicht war es nicht überaus rentabel, aber es blieb mir trotzdem was über.

Ging trotz aller Bemühungen nichts weiter, habe ich eigene Werbezettel am Computer erstellt und im Copy Shop vervielfacht, bin in Villach zu den großen gratis Parkplätzen am Rande der Stadt gefahren und habe sie den Leuten unter die Wischerblätter geklemmt.

Da es mir allerdings furchtbar unangenehm war, hatte ich mir währenddessen versprochen, das nur ein einziges Mal zu tun. Ich habe es damals aber als eine Notwendigkeit angesehen und durchgezogen.

Auch heute würde ich wieder zuerst alle Register ziehen um meinen Gewinn zu optimieren, bevor ich an meinem Umfeld beginnen müsste einzusparen.

h) Brieftaschenzauber

Um mir das Gefühl des geschäftlichen Erfolgs zu verdeutlichen, begann ich am Beginn meiner Selbständigkeit mit einem Grundbetrag in der Brieftasche zu arbeiten. Jeden Morgen durchforstete ich meine kleine Schatzkammer und räumte alles bis auf einen Grundbetrag, der damals bei € 85,- lag, heraus. Allein schon das zur Handnehmen der Scheine vermittelte wieder diesen Eindruck Geld zu haben. Nach dem Durchzählen, konnte ich so auf den Euro genau sehen, ob oder wie sehr ich gestern erfolgreich war. Selbst nur pari ausgestiegen zu sein, bedeutete für mich erfolgreich gewesen zu sein, schließlich gab es ja auch Tagesausgaben.

Und blieben mir dann mal fünf oder zehn Euro über, freute ich mich nicht nur, sondern legte sie zur Seite – natürlich wieder in ein Kuvert. Und im Laufe eines Monats kam der eine und so manch andere Schein noch dazu. Erst war dieses Geld für kleine alltägliche Anschaffungen gedacht, aber mit einem Mal blieben zudem noch einige Scheine über. Damit hatte ich mir plötzlich frei zur Verfügung stehendes Geld geschaffen, welches ich jederzeit, quasi ohne Rechenschaft ablegen zu müssen, verprassen konnte. Auf einmal wurden Prospekte wieder interessant: Das könnte ich mir leisten, und dieses und jenes… Was ich allerdings selten tat, das beruhigende Gefühl dieses Geldes war mir meist lieber.

Überstieg im Laufe der Zeit der Betrag in dem Kuvert eine gewisse Höhe, brachte ich ihn zur Bank und zahlte ihn auf eines meiner kostenlosen Sparbücher ein, um nicht unnötig viel Geld zu Hause herumliegen zu haben. Bank-Kuverts.

Auch in meiner Brieftasche halte ich Ordnung. Unnötige Karten oder sonstige Zettelwirtschaft haben dort keinen Platz. Da liegen die Scheine dem Wert nach geordnet und Kopf an Kopf. Im Kleingeldfach befinden sich genau drei

Euro, keinerlei Kleinkram in Form von Cent-Münzen, die beim Sitzen nur unnötig in der Gesäßtasche drücken. Diese „Untermünzen" räume ich jedes Mal nach einem Einkauf sofort heraus und werfe sie daheim in eine Dose. Da kommt ordentlich etwas zusammen, etwa sechshundert Münzen im halben Jahr. Damit kann ich zweimal im Jahr zu den Flautezeiten anstehende Erlagscheine auf der Bank begleichen. Praktisch.

c) Du liebe Zeit

Für meine ausgezeichnete Zeiteinteilung lobe ich mich manchmal selbst. Und wie wir wissen, führt Lob und Anerkennung zum Besten, das in einem Menschen steckt. Das liegt daran, dass ich mir als Selbständiger ja alles selbst einteilen kann. Ich bestimme, niemand anders.

All meine Termine teile ich mir so großzügig ein, dass immer ausreichend Zeit für ein Plauschchen oder auch eine Tasse Kaffee bleibt. Hektik kommt da keine auf! Nicht weil es vielleicht keine gäbe, sondern weil ich das nicht will! Und ich tue nichts, was ich nicht will, dafür habe ich mich ja unabhängig gemacht.

Wie schreibt man eigentlich fehlerfrei das Wort Sträß?

Morgens, bevor ich die Bettdecke zurückschlage, geht mein Blick erst zum Fenster raus und ich wünsche der ganzen Welt mal einen Guten Morgen; und weiters wünsche ich dann allen, natürlich auch mir, einen schönen und erfolgreichen Tag. Und mit den Worten: Auf geht's!, fliegt die Decke.

Nach dem Kaffeeaufsetzen ist die erste angenehme Tätigkeit des Tages die Bestandsaufnahme meiner Brieftasche. Gute Laune also bereits um kurz nach Sechs. Während der ersten Tasse erledige ich immer das Buchhalterische vom Vortag und gehe dann über zum Kalender und bestätige mein Gedächtnis. Meine Termine habe ich alle im Kopf, notiere mir aber manche zur Sicherheit.

Die Ruhe in der Früh genieße ich besonders, weil überhaupt nichts daherkommen kann und diese Zeit somit vollkommen mir gehört. Also stehe ich recht zeitig auf. Meist nütze ich sie, um über etwas ausführlich nachzudenken oder etwas niederzuschreiben. Jedenfalls, bis es für mich losgeht, habe ich den heutigen Tag schon bestmöglich im Kopf durchorganisiert. Und da ich ja alles so großzügig angelegt habe, kann ruhig das eine oder andere noch daherkommen. Das krieg ich dann schon auf die Reihe, aus der Ruhe bringt mich das nicht.

i) Traumzeit

Damit ich alles so wunderbar auf die Reihe kriege, beginnt jeder Tag um etwa sechs Uhr morgens (im Winter kann es schon mal halb sieben werden ;-). Wecker brauche ich dazu keinen mehr. Seit ich mich vor vielen Jahren in einem medizinischen Fachbuch über Aufbau und Funktion des menschlichen Körpers mit dem Kapitel Schlaf auseinandergesetzt habe, weiß ich was im Körper so alles vor sich gehen muss, damit wir von selbst munter werden. Vom Durchlaufen einzelner Stadien, Herzschlag, Körpertemperatur usw., bis zur Ausschüttung von Noradrenalin, das als Wecksubstanz wirkt.

Und dann geht völlig unvorbereitet der Wecker ab…

Damit dem nicht mehr so ist, habe ich begonnen, meinen Wecker nur noch als Sicherstellung anzusehen und mich mit Hilfe meiner inneren Uhr auf ein unbedingtes Munterwerden vor dem Wecker trainiert. Dazu stellte ich mir jeden Tag den Wecker auf sechs Uhr, egal wann ich schlafen ging. Den Wecker deponierte ich so weit weg vom Bett, damit ich unbedingt aufstehen musste, um ihn abzustellen. Da der Körper sich mit der Zeit das Recht auf Ruhe holt, wurde ich automatisch früher am Abend müde. Es hat funktioniert.

Dazu muss ich allerdings erwähnen, dass ich immer schon gerne früh auf den Beinen war, weil ich den langen Vormittag einfach schätze. Dafür konnte und kann man mit mir spätabends nicht mehr rechnen.

s) Reine Ansichtssache

Oft werde ich gefragt, wie ich das denn mache, ständig gut gelaunt zu sein und ob es nicht doch auch Situationen gäbe, die meine Laune trüben. Natürlich kommt so etwas auch vor, wenn auch selten, ich bin ja schließlich ein Mensch wie jeder andere auch. Im Laufe der Zeit habe ich mir jedoch angeeignet, von Grund auf davon ausgehen, dass es keiner bös mit mir meint, und stets in Allem und in Jedem etwas Gutes zu sehen.

Es gibt nur wenige Ausnahmen, die absolut nichts Gutes an sich haben können, etwa ein Verkehrsunfall.

So kommt es manchmal vor, dass ein Kunde gänzlich auf mich vergisst und ich vor verschlossener Türe stehe. Vielleicht ist es auch gerade spätabends der letzte Kunde des Tages, auf den ich bereits seit Stunden zugewartet und ich deswegen auch meinen Freunden das Feierabendbier verweigert habe. Jetzt hätte ich die Möglichkeit, mich leicht zu ärgern. Tue ich aber nicht. Stattdessen setze ich mich wieder ins Auto, fahre zurück und denke mir: Schön, wenn sie auf mich vergessen können, können sie auch keine Beschwerden haben und es muss ihnen also gut gehen. Fein, das wünsche ich ja meinen Mitmenschen.

Sogar der Einkommenssteuervorschreibung kann ich etwas Gutes abgewinnen: Mehr Vorschreibung bedeutet auch mehr verdient zu haben. Ohne überhaupt einer Vorschreibung würde ich mich nicht gerade sonderlich erfolgreich fühlen.

Schlechtes Wetter wiederum hat für mich den Vorteil, dass ich ohne schlechtes Gewissen einfach nichts tun darf. Also auch nicht Rad fahren oder Berg gehen,… Ich freue mich, wenn´s regnet – denn wenn ich mich nicht freuen würde, täts genauso regnen.

Oder ganz anders: Nehmen wir mal den schlechtesten Menschen der Welt her, ganz gleich wer immer das auch sein möge. Selbst dieser eine atmet aus, was alle Pflanzen dieser Erde brauchen. Also, reine Ansichtsache.

Und im Wesentlichen bin ich der Überzeugung, dass gut gelaunte Menschen besser und vor allem länger leben. Das habe ich nämlich auch vor! Bei den vielen Ideen in meinem Kopf werden die ersten Hundert nicht reichen ;-)

t) Werbung

Muss werben immer heißen, etwas anbieten?

f) To-do-Liste

Sobald ich eine neue Idee im Kopf gefasst habe und mir im Groben ein Gerüst gebastelt habe, schreibe ich sie nieder. Anfangs ist das ein Durcheinander, weil ich die Details so aufschreibe, wie sie mir gerade einfallen. Das braucht dann meist einige Tage, bis ich so ziemlich alles, das mir dazu durch den Kopf gegangen ist, aufgeschrieben habe. Dann wird sortiert und schließlich ein chronologischer Ablauf erstellt. Diese Liste halte ich allerdings recht kurz, da sich meist mehrere Kleinigkeiten zu einer Gruppe fassen lassen und so das Ganze für mich leichter überschaubar bleibt. Nötigenfalls schreibe ich mir eine zweite für die Einzelheiten.

Wenn ich den Eindruck habe alles erfasst zu haben, beginne ich schrittweise mit der Umsetzung. Und mit jedem erledigten Punkt komme ich dem letzten näher.

Der letzte Punkt einer jeden meiner To-do-Liste lautet nämlich gleich:

- ABWARTEN

Weil ich bis zu diesem Punkt alles Anstehende erledigt habe, gewinne ich damit bereits den Eindruck etwas erreicht zu haben. Und die Genugtuung, nach dem Eintreten des ersten Erfolgs auch diesen Punkt abhaken zu können, tut mehr als gut.

Egal ob nun der Erfolg groß, klein oder vielleicht auch gar keiner war – ich habe damit wieder etwas Persönliches erreicht. Beim nächsten Erstellen meiner Motivationsliste wird diese wieder um einen Eintrag reicher sein.

o) Mit Schirm, Charme & Melone

Ohne Zweifel kann ich von mir sagen, dass ich durch die mir selbst angeeignete, überaus positive Lebenseinstellung auch nicht umhin komme, auf meine Umwelt abzufärben. Diese Grundeinstellung führt zu einer überaus erfreulichen Mischung aus Reaktionen meiner Mitmenschen. Ich empfange oft den ehrlichen Eindruck, gern gesehen zu werden und erlebe es mitunter, dass Menschen offen meine Nähe suchen. Selbst hektische Menschen oder ewige Nörgler sind in meiner Gegenwart nach einer gewissen Zeit ruhiger geworden. Na bitte, geht doch.

Besonders in alltäglichen Situationen erweist sich diese Grundhaltung als sehr vorteilhaft. Es ist kaum der Fall, dass wenn ich mit Behörden oder Ämtern zu tun habe, ich nicht das erreiche was ich möchte. Dazu gehört eben genau diese Portion Charme, die mit dieser positiven Lebenseinstellung einhergeht.

Dazu kommt das Agieren – Reagieren Prinzip. Wenn ich der bin, der agiert, wird mein Umfeld reagieren, und wenn ich noch dazu das Agieren mit offener Herzlichkeit erweitere, wird mein Umfeld erst recht reagieren – im positiven Sinne.
Würde ich allerdings als Presslufthammer in ein Büro stürmen, was schließlich auch agieren ist, ja dann …

Auch bin ich schon auf Mitmenschen gestoßen, die der Ansicht waren, dass andere ihnen zuerst etwas Gutes tun müssen, damit sie auch bereit seien Gutes zu tun.
Diese Menschen sind mir die liebsten.
Dann gehe ich nämlich her und tue ihnen als Erster etwas Gutes, und wenn es nur eine herzliche Begrüßung und ein Strahlen ist. Dann werden diese nämlich auf dieses Agieren reagieren müssen und mir zumindest freundlich

zurückkommen. Dann bin ich wieder an der Reihe, dann sie und so weiter und so weiter. Diese Menschen hinken mir immer einen Schritt hinten nach!

m) Preisgestaltung

Bei der Gestaltung meiner Preislisten achtete ich sehr genau darauf, dass die Preise mich selbst ansprechen. Dabei bin ich unabsichtlich auf einen interessanten Hintergrund gestoßen.

Ob ein Preis „gut" oder „schlecht" auf mich wirkte, hatte stets mit seiner Quersumme zu tun. Beispielsweise ist 42 ein guter Wert für mich, weil mich die Quersumme mit 6 (4+2=6) anspricht. Bei 39 hingegen sträubt sich innerlich etwas in mir, vielleicht liegt es an der 3? (3+9=12 1+2=3)

Und so bin ich Preis für Preis durchgegangen bis ich eine Preisliste hatte, die mich als Gesamtes angesprochen hatte und so eine gewisse Form von Harmonie beinhaltet hat.

Bei einer Hoferreise mit € 990,- sehe ich stets nur den Tausender schwinden, während der neue Roller meines Nachbarn um € 1.040,- ein echtes Schnäppchen war…?!

Rein interessenhalber bin ich dann her und habe mal meine diversen Telefonnummern, Hausnummern und Kennzeichen, die ich bisher so hatte, hergenommen, und habe daraus die jeweiligen Quersummen gebildet. Dabei bin ich auf zwei oft wiederkehrende Ziffern gestoßen, die auch mit den Quersummen meines Geburtsdatums und dergleichen übereinstimmten und hatte so die Bestätigung meines Bauchgefühles bezüglich dieser Quersummen erhalten. Numerologie im geschäftlichen Einsatz.

Im Hotel hatte ich anfangs eine Spezialmassage im Programm, die nur sehr selten in Anspruch genommen wurde. Nach zwei Jahren erhöhte ich den Preis dieser Anwendung um einen Euro und siehe da!

i) Wenn es Nacht wird

Wenn der Tag zu Ende geht, lasse ich diesen gerne noch mal innerlich Revue passieren. Dabei gehe ich chronologisch vor und rufe mir ins Gedächtnis, was mir heute so alles Schönes widerfahren ist. Das beginnt in aller Früh mit der Bestandsaufnahme der kleinen Schatzkammer, also meiner Brieftasche. Dann gehe ich jede einzelne Massage noch mal im Geiste durch und präge mir damit auch die Vornamen der einzelnen Gäste vom Hotel ein. Da ich öfters zur Frühstückszeit im Restaurant von Tisch zu Tisch durchgehe und allen einen Guten Morgen wünsche, kann ich so manche Gäste bereits mit ihrem Vornamen ansprechen, was besonders gut ankommt. Der Gast fühlt sich geehrt und erwidert meist auch etwas drauf und lenkt dabei automatisch die Aufmerksamkeit von den Nebentischen auf mich. Werbung hausgemacht.

Aber auch abseits der Arbeit gibt es jeden Tag Gutes zu berichten. Und wenn es nur irgendein nettes Gespräch, die Morgenstimmung, das kurze Schäkern mit jemandem beim Einkaufen oder sonst was war, geben tut es jeden Tag etwas. Nicht selten komme ich so auch noch beim drüber Nachdenken zum Schmunzeln. Ist die Welt nicht schön?

Und wenn ich abends nicht dazu gekommen bin, fällt mir dieses Szenario spätestens vorm Einschlafen ein und nicht selten bin ich noch während dem Durchgehen der Einzelheiten schon längst ins Land der Träume entschwunden.

l) Wie du mir, so ich dir

Es bestätigte sich immer wieder in meinem Leben, dass wenn ich ohne Vorsatz jemandem spontan etwas Gutes tat, widerfuhr mir stets genauso Gutes. Das hat sich derart manifestiert in mir, dass ich oft schon unbewusst sehr entgegenkommend meinen Mitmenschen gegenüber geworden bin. Egal, ob es jemand Bekannter ist oder jemand völlig Fremder. Erstens breche ich mir dabei keinen Zahn aus, und obendrein geht es mir in dem Moment auch sofort ein Stück besser. Abgesehen von den tollen kurzen Gesprächen, die sich oft daraus ergeben haben.

Das hat aber nichts mit vorauseilendem Übereifer zu tun oder der möglichen Gefahr damit hinauszulaufen ausgenutzt zu werden. Es ist keinem geholfen, der nicht um Hilfe bittet!

Lustig in diesem Zusammenhang war eine Spontanreaktion meinerseits in meiner Hausbank. Wie ich schon schrieb, kommt mir diese Bank bei diversen Gebühren wirklich sehr entgegen, und als ich wieder einmal nur die geringste aller möglichen Gebühren für eine Überweisung zu zahlen brauchte, sagte ich zu der mir gut bekannten Frau am Schalter: „Gut, wenn du mir so nett entgegen kommst, kriegen dafür eben die lieben Kleinen was", und habe etwas Kleingeld ins Spendenhäuschen für Waisen neben dem Schalter geworfen. Daraus ist eine liebe Gewohnheit geworden.

i) Mein Betriebsstätten-Depot

Gerade im Hotel kommt es manchmal vor, dass Gäste zudem auch noch etwas Trinkgeld hinterlassen. Irgendwann habe ich damit begonnen, dieses Geld in zwei Hälften zu teilen. Eine Hälfte für die Brieftasche, die andere bleibt in einer kleinen Dose im Hotel. (Kuverts nehme ich nur für Scheine.)

Selbst wenn meine Brieftasche die eine Hälfte nicht nötig hätte und ich den gesamten Betrag im Hotel lassen könnte, mache ich es trotzdem so. Als Selbständiger unterliege ich nur meinen Regeln. Und meine eigenen Regeln halte ich strikt ein.

Während nun die eine Hälfte in der Brieftasche dem täglichen Leben verfällt, sammelt sich in der anderen ganz schön was an. Und zum Ende der jeweiligen Saison schaut dann ein ordentliches Körberlgeld raus. Geld an allen Ecken und Enden!

a) Kompromisslösungen

Sind für mich die denkbar ungünstigste Möglichkeit zwei Dinge auf einen Nenner zu bringen. Keiner erreicht was er gerne möchte und niemand ist wirklich glücklich. Auf der menschlichen Ebene ist es mir weit lieber, einer ist völlig zufrieden gestellt, auch wenn dabei ich vielleicht total zurückstecken muss. Beim nächsten oder übernächsten Mal werde ich dran sein. Oder vielleicht zwei Mal hintereinander…

Ein Mahnmal dessen ist meine Kompromiss-Eckleuchte im Wohnzimmer. Immer wenn ich an ihr vorbeikomme, sehe ich die Lampe im Möbelhaus vor mir, die mir *wirklich* gefallen hätte. Dafür könnte ich auf den albernen Weinkühler leicht verzichten, der sich damals wegen dieser Kompromisslösung ausgegangen ist.

t) Zwei gute Freunde

Mein Spiegelbild und ich.

Es ist mir wichtig, mir selbst in anerkennender Weise in die Augen schauen zu können.

Alles was ich bisher begonnen habe, habe ich auch durchgezogen. Ich habe in meinem Leben noch nie auf einen Abschluss oder eine Prüfung hingelernt um durchzufallen. Und vielleicht auch noch bezahlt dafür!

Ich bin der Auffassung, dass wenn man sich entschlossen hat etwas anzufangen, man dieses auch zum Ende zu bringen hat. Egal ob es eine Weiterbildung oder nur das Vorhaben ist, diese Woche den Garten zu erledigen.

Auch habe ich bisher noch jede Dienstelle ordentlich hinterlassen und bis zum letzten Tag gute Arbeit geleistet. Dadurch kann ich mich auch heute noch überall dort mit ruhigem Gewissen sehen lassen. Genauso wird keine meiner Partnerinnen aus vergangenen Beziehungen die Straßenseite wechseln, wenn wir uns sehen. Im Gegenteil, dann wird die Gelegenheit für ein „Geht's-dir-gut?-Getränk" genutzt. Beides, sowohl Arbeit als auch Partner hatten ja für eine gewisse Zeit in meinem Leben einen sehr wichtigen Teil eingenommen und dafür bin ich dankbar.

Verlässlichkeit kann man tragen wie einen Orden!

Ich sage niemandem etwas zu, wenn ich es nicht auch einhalten kann. Bin ich mir nicht ganz sicher, sage ich das im Vornhinein auch und kann mir damit eine Hintertür offenlassen. Es lässt sich über alles reden, man muss es nur tun.

Mein Spiegelbild und ich wissen, dass wir uns auf uns verlassen können, und das ist ein gutes Gefühl. Wie sollten sich andere auf mich verlassen können, wenn ich es selbst nicht kann?

So passiert es mir manchmal, dass wenn ich an einem Spiegel vorbeikomme, ich mir selbst zuzwinkere. Herr Willi Resetarits hat einmal in einem Lied gesungen: „So wie ich bin, bin ich ok." Das hört sich gut an.

Das Leben an sich ist recht einfach gestrickt, nur wird uns von allen Seiten das Gegenteil eingeredet. Das Einzige, was ich im Leben wirklich *muss,* ist, regelmäßig Luft kriegen. Alles andere kann ich mir mit meinen Händen schaffen.

Und aufgeben tue ich höchstens eine Briefsendung.

 ☺

e) Der Baum vor meinem Fenster

Ich weiß genau, dass ich nicht mehr derselbe bin, der ich noch vor fünf Jahren war. Ja, auch ich habe mich verändert. Ob es auch immer zum Besten meiner Lieben um mich herum war, wage ich zu bezweifeln. Das Leben bringt Veränderungen mit sich, *weil* es sich ständig verändert. Ich könnte gegen diese Strömung ankämpfen und es furchtbar schwer haben, aber der Strom des Lebens würde sich trotzdem ändern.

Der Baum vor meinem Fenster ist auch nicht mehr derselbe der er noch vor Jahren war. Er ist größer geworden, braucht mehr Wasser, spendet dafür mehr Schatten und Sauerstoff, verursacht aber im Herbst auch eine Menge mehr Laub. Ich würde mir aber nicht anmaßen, den Baum deswegen in seiner Entwicklung aufhalten zu wollen.

Nur der Asphalt rund um den Baum zerbricht, weil er sich nicht ändern will.

d) Zu guter Letzt

Grundsätzlich bin ich der Ansicht, dass all meine Probleme lösbar sind. Und sind sie einmal nicht lösbar, dann habe ich nur noch zu wenig nachgedacht darüber.

Auch muss ich nicht immer genau wissen, was ich will – oft genügt es mir zu wissen, was ich *nicht* will.

Schadensbegrenzung zu betreiben und Lösungsdenken anzuwenden sind mir in jedem Fall lieber als kostbare Zeit mit ärgern zu verplempern.

Und wissen Sie, es ist mir nicht sonderlich wichtig über alles eine Meinung zu haben oder sie einem jeden auf die Nase zu binden, besonders bei Themen, die mich weder berühren noch in irgendeiner Form interessieren, ich mache mein Leben ohnehin so wie ich es für richtig halte – das berühmte Fahrrad in Peking – und in diesem Sinne:

GO YOUR OWN WAY

Gut, das ist jetzt ein Ratschlag ;-)

Herzlichst

Harald Lässer

Raum für eigene Erweiterungen

Ach ja, da wäre dann noch Platz für die Ratschläge der eben gut Bekannten, die ständig meinen das Recht oder sogar die Pflicht zu haben zu empfehlen….